Pebble Bilingual Books

La lluvia/ Rain

de/by
Gail Saunders-Smith

Traducción/Translation
Martín Luis Guzmán Ferrer, Ph.D.

Capstone Press
Mankato, Minnesota

Pebble Bilingual Books are published by Capstone Press
151 Good Counsel Drive, P.O. Box 669, Mankato, Minnesota 56002
http://www.capstone-press.com

Printed in the United States of America

1 2 3 4 5 6 08 07 06 05 04 03

Library of Congress Cataloging-in-Publication Data
Saunders-Smith, Gail.
[Rain. Spanish & English]
La lluvia / de Gail Saunders-Smith; traducción, Martín Luis Guzmán Ferrer =
Rain / by Gail Saunders-Smith; translation, Martín Luis Guzmán Ferrer.
p. cm.—(Pebble Bilingual Books)
Spanish and English.
Includes index.
Summary: Simply describes what rain is and the cycle that repeatedly brings
water to the earth.
ISBN 0-7368-2309-3 (hardcover)
1. Rain and rainfall—Juvenile literature. [1. Rain and rainfall. 2. Hydrologic cycle.
. Spanish language materials—Bilingual.] I. Title: Rain. II. Guzmán Ferrer, Martín
Luis. III. Title. IV. Series.
QC924.7.S2818 2004
551.57'7—dc21   2003004020

Editorial Credits
Martha E. H. Rustad, editor; Timothy Halldin, cover designer; Patrick Dentinger,
interior designer and cover production designer; Michelle L. Norstad, photo
researcher; Eida Del Risco, Spanish copy editor

Photo Credits
Dwight Kuhn, 6; International Stock/John Michael, cover; James P. Rowan, 12;
Richard Hamilton Smith, 4, 10, 14; Unicorn Stock Photos/Sabrina Turner, 1;
ChromoSohm/Sohm, 8; Aneal Vohra, 16; Martha McBride, 18; Marie Mills, 20

Special thanks to Ken Barlow, chief meteorologist, KARE-TV, Minneapolis,
Minnesota, and member of the American Meteorological Society, for his help in
preparing the English content of this book.

Table of Contents

Contenido

Rain is precipitation. Precipitation is any kind of water that falls from clouds. Snow is precipitation, too. Snow falls when tiny raindrops turn into ice.

La lluvia es una precipitación. Precipitación es cualquier tipo de agua que cae de las nubes. La nieve también es una precipitación. Nieva cuando las gotas de lluvia se convierten en hielo.

6

Rain brings water to all living things. Rain fills rivers and lakes. Animals like frogs need to live near water. Most animals need to drink water every day.

La lluvia lleva el agua a todos los seres vivos. La lluvia llena los ríos y los lagos. Las ranas necesitan vivir cerca del agua. La mayoría de los animales necesita beber agua todos los días.

Rain goes into the ground. Grass and other plants use water in the ground. People dig wells in the ground to get water. People use water to drink, clean, and cook.

La lluvia penetra en la tierra. La hierba y otras plantas utilizan el agua de la tierra. Las personas excavan pozos para tener agua. La gente utiliza el agua para beber, lavarse y cocinar.

Rain starts as water on the ground. Water in oceans and lakes evaporates into the air. To evaporate means to turn into vapor. Vapor is tiny drops of water. The drops are so small they float in the air.

La lluvia empieza siendo agua sobre la tierra. El agua de los mares y los lagos se evapora. Evaporación significa convertirse en vapor. El vapor está formado por gotitas de agua muy pequeñas que flotan en el aire.

Water vapor rises high into the sky. The tiny drops get colder and stick to dust in the air. The water and dust form clouds. Clouds turn dark as the water drops grow bigger. Rain falls when the water drops are heavier than the air.

El vapor de agua se eleva al cielo. Las gotitas de agua se enfrían y se pegan al polvo que hay en el aire. El agua y el polvo forman nubes. Las nubes se ponen negras cuando las gotas de agua aumentan de tamaño. Llueve cuando las gotas de agua son más pesadas que el aire. 13

Rain is part of the water cycle. Water evaporates and makes clouds. Then rain falls from clouds. This happens again and again.

La lluvia es parte del ciclo del agua. El agua, al evaporarse, forma las nubes. Luego la lluvia cae de las nubes. Esto sucede una y otra vez.

Floods happen when too much rain falls. Floods drown plants and hurt buildings. Flash floods happen when a lot of rain falls quickly. Flash floods can move houses, cars, and trees.

Hay inundaciones cuando llueve demasiado. Las inundaciones ahogan las plantas y destruyen las casas. Las inundaciones repentinas ocurren cuando llueve mucho y muy rápidamente. Pueden arrastrar casas, autos y árboles.

Droughts happen when too little rain falls. Rivers and lakes dry up. The soil becomes hard. Plants and animals can die without water.

Las sequías ocurren cuando llueve demasiado poco. Los ríos y los lagos se secan. La tierra se pone dura. Las plantas y los animales pueden morir si no tienen agua.

Too much or too little rain can kill living things. Plants, animals, and people need just enough rain.

Demasiada lluvia o muy poca puede matar a los seres vivientes. Las plantas, los animales y la gente necesitan una cantidad adecuada de lluvia.

Glossary

cycle—when something happens over and over

drought—a long time without any rain

evaporate—when something wet goes into the air; when water evaporates, it turns into vapor.

flood—when so much rain falls that water covers the ground; rivers and lakes cannot hold all the water in a flood.

precipitation—any kind of water that falls from the clouds

soil—dirt or earth; plants grow in soil.

vapor—tiny drops of water; the drops are small enough to float in the air.

Glosario

ciclo (el)—una cosa que pasa una y otra vez

sequía (la)—mucho tiempo sin agua

evaporación (la)—cuando algo húmedo se eleva en el aire; cuando el agua se evapora se convierte en vapor.

inundación (la)—cuando llueve demasiado y el agua cubre la tierra; los ríos y los lagos no pueden contener toda el agua que cae.

precipitación (la)—cualquier tipo de agua que viene de las nubes

tierra (la)—terreno o lodo; las plantas crecen en la tierra.

vapor (el)—gotitas de agua; gotas tan pequeñas que pueden flotar en el aire.

Index

Índice